FSC
www.fsc.org

MIX

Papier aus ver-
antwortungsvollen
Quellen
Paper from
responsible sources

FSC® C105338

AF219101

Die Autorin

Brigitte Anna Stolle, geboren in Emsdetten,
studierte an der Universität Münster. Sie schreibt
neben Gedichten auch Kurzgeschichten,
philosophische Essays und Aphorismen.
Ihre Kurzgeschichten sind 2018 erschienen.

Brigitte Anna Stolle

Nö

Gedichte

..... was das Leben so zusammenreimt

Bibliografische Information der Deutschen Nationalbibliothek: Die Deutsche National-bibliothek verzeichnet diese Publikation in der Deutschen Nationalbibliografie; detaillierte bibliografische Daten sind im Internet über http://dnb.dnb.de abrufbar.

ISBN 9 783 752 895 636
1. Auflage 2018
© 2018 Brigitte Anna Stolle
Email: brigitte_stolle@web.de
Umschlaggestaltung: Brigitte Anna Stolle

Herstellung:
BoD-Books on Demand, Norderstedt, 2018

9 783752 895636

für Erich

Inhaltsverzeichnis

Schmunzeln macht die schönsten Falten   13

    Urlaub   14

    Wahl   15

    Salat   16

    Superfreude   17

    Mythologie modern   18

    Der Igel   19

    Sparschrumpf   20

    Fotografieren   21

    Flügge   22

    Gedicht von der Mütze   23

    Omnipotenz   24

    Silberglanz   25

    Digitale Zeitenwende   26

    Vogel und Fisch   28

    Fahrschule   29

    Aktien   30

    Der Schornsteinfeger   31

    Der Friseur   32

    Morgenstimmung   33

    Genuss   34

Ist das Liebe ?   35

    Da warst Du   36

    Physikalisches Liebesgedicht   37

    Gefunden   38

    Gespräch   39

    Vergissmeinnicht   40

    Ummauert   42

    Sehnsucht   43

Geankert 44

Antiwelten 45

Eifersucht 46

Es ist nie zu spät 47

Gefärbt 48

Rast 49

Zuhause 50

Schmusen 51

Himmel 52

Mitgerissen vom Leben 53

Atemlos 54

Das schöne Leben 55

Du wirst erwachsen 56

Schattengeflüster 57

Geburt 58

Die Frau mit dem Regenschirm 59

Hölle 60

Das Leben 61

Gewitter 62

Mensch sein 63

Eins nach dem anderen 64

Parallel-Universen 65

Ungelegenes Glück 66

Das verlorene Paradies 68

Gelassenheit 69

Realität 70

Goldjäger sind wir 71

Slim 72

Ungeduld 73

LED´s 74

Ein neuer Tag 75

So kann man es auch sehen 77

Stichwortmenschen 78

Selbsteinschätzung 80

Glück 81

Sex 82

MP3 83

Macht das Sinn ? 84

Meine Falten 85

Neujahrsvorsatz für die Katz´ 86

Edelzwicker 87

Alter 88

Entspannung 89

Tausendfüßler 90

Langeweile 91

Aktienkurse 92

Kinderbett 94

Nachdenkliches 95

Moral 96

Zeitvertreib 98

Wirkungen 100

Wesentlich 101

Überschwemmung 102

Trost 104

Übergang 105

Die Philosophen 106

Unpopulär 107

Quadratur des Seins 108

Clownerie 109

Untergang 110

Gleichzeitigkeit 112

Besitz am Bein 113

Mauer   114
Der blaue Tisch   115
Zeit   116

Orientierung   117
Orientierung   118
Lebensspur   119
Geschenk   120
Ostern   121
Sinnsuche   122
Notfallplan   123
Höhere Mathematik   124
Mitleid mit Gott   125
Es geht nicht anders   126
Wüste   127
Schutzengel-Gebet   128
Überblick   129

Lebensfreude   131
Abgeschüttelt   132
Massagestiefel   133
Gut trainiert   134
Entfaltung   135
Wir tanzen   136
Wellen der Musik   138
Hymne an den Schlaf   139
Aufbruch   140
Gespeicherte Sonne   141
Ein Lächeln   142
Ein bisschen Glück   143

Schmunzeln
macht die schönsten Falten

Urlaub

Gesegnet sei das Sommerloch,
fällt dort hinein der Urlaub doch.
Hat man ihn dann am Grund gefunden,
will man rundum an ihm gesunden.

Man frequentiert mit großem Eifer
den Garten, Keller und den Speicher
zum Zwecke, alles aufzuräumen.
Kein Eckchen mag man da versäumen.

Erschöpft, den Rücken schmerzend schwer,
lobt man den Superurlaub sehr,
denn heiß wars und sehr sonniglich,
geschwitzt hat man recht inniglich.

Doch als dann einmal ungewollt
die Ruhe einen doch einholt,
streift wie ein Windhauch ein Gedanke
das Urlaubsloch zart an der Flanke.

Ganz wie bei dem defekten Schlauch
steigt dünn eine Fontäne auf
von Reiselust und Abendstimmung
und ungekannter Lustgewinnung
durch Nichtstun, einfach nur durch Ruh -
da macht das Loch die Augen zu!

Wahl

Ob es den Leuten nun gefällt,
alle vier Jahre wird gewählt.
Als Wahllokale ausersehen
sind meistens Schulen, nicht sehr schön.

Ein Wahllokal im Restaurant
nimmt man als Bürger lieber an.
Ein schöner Ort und Sonntagskleidung
beflügelt manche Wahlentscheidung.

Auch kann man dann danach beim Essen
am Nachbartisch die Nachbarn treffen.
Man grüßt sich freundlich und erzählt
und fragt: „Sie haben schon gewählt?"

Die Antwort war - ich kanns verraten
„Rinderbraten"!

Salat

Wenn ein Salatkopf sagt, er will Tomate sein,
die Möhre auf Kartoffel hin studiert,
die Spargelstange klagt, sie sei zu klein,

der Senf das Laucharoma kultiviert,
dann, wers noch nicht begriffen hat,
merkt nun, jetzt haben wir den Salat.

Wenn dann das Bauchgefühl zu einem spricht,
dass man sich groß und stark entwickeln kann,
als Kopfsalat vielleicht, als Fenchel nicht,
dann nehme man es einfach an.

Und jubeln darf man ohne Scherz,
weiß man es doch:

Salat hat Herz

Superfreude

Schon manchmal hat man dran gedacht,
was man in diesem Falle macht,
wenn man nun endlich das erlebt,
was man schon immer angestrebt.

Man freut sich, sicher, das ist klar.
Doch dass das Herz ein Hüpfball war,
hat man nicht ernsthaft angedacht,
auch Vorkehrungen nicht gemacht.

Es droht der Schwerkraft zu entfliehen,
raketengleich, so ungestüm!
Doch wenns dann ist davongeflogen,
wer holt es wieder auf den Boden?

Recht gut ists dann ums Herz bestellt,
wenn man ihm einen Sack hinhält.
Denn, ist die Superfreude echt,
ist Sackhüpfen gar nicht so schlecht.

Mythologie modern

Die Phantasie spielt mir oft Streiche,
wenn ich manch Fremden schnell vergleiche
mit einem Huhn, Hund oder Spatz,
oder auch Kuh, Schildkröte, Katz.

Die Ähnlichkeit legt zwingend nah,
dass dieser Mensch was anderes war,
vielleicht in seinem früheren Leben.
Wer weiß, so etwas mag es geben!

Sind Tiere uns nicht lieb und wert ?
Als Götter wurden sie verehrt.
Vielleicht sind sie zurückgekommen,
haben in Menschen Platz genommen ?

In Jugendlichen ohne Mühe
seh' ich ganz deutlich heilige Kühe,
Kaugummi fletschend, wiederkauend,
kuhäugig wie die Isis schauend.

Ganz nah ist mir Wiedergeburt,
wenn neben mir mein Liebster schnurrt.
Die Liebesgöttin Basthet selbst,
die Katze, hat ihn auserwählt.

Und selbst wenn jemand sich schlecht fühlt,
als Mistkäfer die Welt durchwühlt,
ist Scarabaeus hier zugegen,
als Gottheit, als Symbol für Leben!

Der Igel

Da war ein Igel – fürwahr.
Er floh nicht ängstlich – war einfach da.
Er ließ sich streicheln ganz zart
und fiepte delikat,
genoss ohne Angst,
legte die Stacheln ganz sanft
und zahm wie er war,
war er wunderbar.

Sparschrumpf

Vieler harter Tage Arbeit
liegt in meinem Safe herum.
Wertpapiere und Devisen
füllen klaglos ihn und stumm.

Abgeschieden und ganz arglos
schlummern sie so vor sich hin.
Doch der Fiskus und die Bank
haben auch die Finger drin.

Kursverlust, Depotgebühren,
Steuern muss man auch abführen.
Ganz schmal werden meine Lieben,
oder was davon geblieben.

Ob Konto, Sparbuch oder so,
die Institute macht es froh.
Ein jeder Hinz darf da reinschauen
und herrschaftsfroh Gebühren klauen.

Da will ich lieber mich bequemen
und selbst die Pflege übernehmen.
Mein Geld werd' ich im Sparstrumpf betten.
Und Pflegegeld gibts dafür, wetten?

Fotografieren

Hat jemand eine Kamera
ist ihm die ganze Welt sehr nah.
Er lichtet Menschen ab und Maus
und trägt sie alle mit nach Haus.

Wenn dann das Ganze ist sortiert
und fototechnisch korrigiert,
besitzt man fast die ganze Welt.
Das ists, was einem so gefällt.

Ein dickes Album steht schon stramm,
lockt jeden Gast strahlend heran.
Man könnt sehr zufrieden sein,
doch leider schaut kein Mensch da rein!

Flügge

Sei nicht besorgt, Mamilein,
du musst doch nicht so ängstlich sein!
Der Ratschlag ist zwar gut gemeint,
doch nicht notwendig, wie mir scheint.

Regenzeug und Waschpulver,
zweite Hose, Nähzeug gar,
diesen Krimskrams brauch' ich nicht!
Den Ausweis hab' ich, Geld und mich!

Ich weiß genau,
was ich kaufe
und ich schau,
dass ich schlauche,
was ich brauche!

Schon' dich, Mama, Küsschen, pfleg' dich!
Und den Kopf dir nicht zerbrich.
Ich rufe an gelegentlich!

Ich bin groß,
mir gehts famos.
Streichle Katzilein für mich
und bis bald,
ich knuffle dich!

Gedicht von der Mütze

Sollte dir mal 'ne Behauptung fehlen,
oder dich Mangel an Wärme quälen,
das „Ohrensteifhalten" dir wertlos erscheinen,
oder du deinen Haaren nachweinen,
dann ist nur ein Rat dir nütze:
„Nimm die Mütze!"

Fehlt eine Mütz' dir, dein Kopf wird vereisen,
deine Gedanken um Wärme nur kreisen.
Bedenk, die Welt kam noch niemals ins Wanken
durch einen kopfvoll gefrorener Gedanken.
Drum davor dich schütze
deine Mütze !

Der deutsche Michel zu guter Letzt
hat auch 'ne Mütze aufgesetzt -
Und hat ers so nicht weit gebracht?
Noch heute wird an ihn gedacht.

So gönn' der Welt 'ne Stütze,
setz' auf deine Mütze!

Omnipotenz

Die Menschen wollen hier auf Erden
alles, nur eins nicht: älter werden.
Drum wird nur Jugend stets hofiert,
für Jobs und Pöstchen engagiert.

Denn heute ist nur noch willkommen,
der sehr viel Zeit hat mitgenommen.
Man nehme Sonn- und Feiertage,
auch Abende ganz ohne Frage,
mache ein Schmuckpaket davon
und freue sich auf den kleinen Lohn.

Wenn dann ein junger Mann trotz allem
noch an der Liebe hat Gefallen,
sieht ihn die Liebste wohl sehr selten,
mag sie darum auch noch so schelten.

Und wenn der Chef von ihm erwartet,
dass er zum Jupiter durchstartet,
zu filmen Götter und Homer,
bringt er als boygroup sie hier her.

Die Firma will ja Arbeitnehmer
als omnipotente Allesgeber.
Auch klappbar ist der heutige Mann,
weil er tatsächlich alles kann.

Silberglanz

Was leuchtet dort mit Silberglanz?
Ganz oben seh' ichs blitzen.
Mir wird ganz weihnachtlich zu Mute.
Jetzt muss ich erst mal sitzen.

Was ich da seh', bannt meinen Blick:
Weihnachten für immer?
Mit großen Augen schau ich drein;
Nein, nein, das hier ist schlimmer!

Mondsilberne Lamettafäden
erglänzen hell in meinem Haar.
Das ist real, nicht wegzureden,
denn festgewachsen sind sie gar!

Lametta wohl mit Wurzeln dran,
die tief im Kopfe sitzen?
Dann müsst' im Kopf auch Weihnacht sein
und aus den Augen blitzen!

Wenn jeder silbergraue Schopf
weihnachtlich Glück ausstrahlte,
mich würds nicht wundern, wenn man dann
ihn dafür noch bezahlte!

Digitale Zeitenwende

"Wachet auf" ruft uns die Digitaluhr.
Noch stehen die Leute verschlafen und stur
in der Frühmesse.

Seliger Weihnachtsmorgen,
innig verträumt, schwere Augenlider.
Plötzlich hat mich die Wirklichkeit wieder.

Ein Piepkonzert ertönt um mich rum.
Dieses Gepiepe ist wirklich zu dumm!
Ein Suchen nach dem Knopf, wo man abstellen
kann,
folgt diesem Sechs-Uhr-Wecken dann.
Ein Aufatmen - endlich - und dann „Jubilate",
Nummer 130 im Laudate.

Da, plötzlich piept es aus jeder Reihe,
hinter mir eine Uhr, vor mir gar dreie!
Ja, viertel nach sechs, da stehen wohl zuhauf
unsere lieben Mitbürger auf!

Der Herr Doktor da, der aufgeweckte,
der seine Golduhr nie versteckte,
vergräbt seine Hände tief in den Taschen,
fast bis hinunter zu den Gamaschen.

Der Steuerberater, der Pfiffige dort,
sucht unterm Ärmel in einem fort

nach seiner Uhr. Wo steckt sie nur?
Nun schlägt er drauf. Sie gibt von selber auf.

Der Studienrat dort im Seitenschiff
hat seine Uhr schon längst im Griff.
Durch Schüler kennt er die Mechanik.
Solch simpel Ding bringt ihn nicht in Panik.

Die fröhliche Weihnacht verbindet sie alle
beim Piepkonzert in der Kirchenhalle.

Vogel und Fisch

Der kleine Vogel schwärmte sehr
von Kirschen, Pflaumen und Erdbeer.
"Viel besser schmeckt ein Wasserfloh",
sprudelt der Fisch und kratzt am Popo.

Der Vogel mag das so nicht sehen.
Dem Fisch gab er drum zu verstehen:
"Rutsch mir den Buckel runter."
Das tat der dann auch munter!

Fahrschule

Ein Fahrlehrer ist dazu da,
dass im Verkehr die Anfänger
so manche Kurven richtig kriegen
und auch beim Tempo super liegen.

Das ist bei heftigem Verkehr
mitunter wohl besonders schwer.
Da gibts dann nämlich Berg und Tal
und Doppelkurven allemal.

Bei Talfahrt muss man gut bedenken:
Das Gestrüpp will dich ablenken!
Schießt du hinein, dann geht es los,
dann bist du alle Regeln los.

Dies Auto ist ein Selbstfahrer.
Was ist? Das ist doch wunderbar!

Aktien

Meine Aktien steigen.
Das kann ich sehr gut leiden-
Aber noch viel schneller
sind sie schwups im Keller.

Doch damit kann ich leben.
Im Keller solls ja geben
Konserven von der Oma,
wohl noch vom letzten Sommer.

Drum als die Börse krachte,
ging es ans Eingemachte.

Der Schornsteinfeger

Von Zeit zu Zeit -
manchmal zu zweit -
kommt er zum Fegen.

Er weiß wies geht -
kein Zweifel besteht -
braucht nicht überlegen.

Tief im Kamin -
er schaut gar nicht hin -
trifft er ins Schwarze.

Davon hat er nichts,
nur Ruß im Gesicht
und ´ne Warze.

Der Friseur

Heute beim Friseur
passierte ein Malheur.
Er schnitt mir in mein Ohr.
Das kommt wohl selten vor!

Da rief ich deutlich "au!"
Doch der Friseur war schlau.
Er sagt in seiner Not:
"Ein Sonderangebot!"

Morgenstimmung

Sitzend auf des Bettes Rand
leiste ich schon allerhand.
Der Kopf noch dumm, die Sinne trüb,
ich hab die Morgenstunden lieb!

Augen noch zu, der Blick verloren,
fühl ich mich fast wie neugeboren.
Jetzt fang´ ich mit Bewegung an.
Als erstes sind die Knie dran.

Ich geh, vom Kaffee angezogen
und schaff die Kurve mit `nem Bogen.
Das rüttelt mich nun richtig wach.
Was war denn das da für `nen Krach?

Zu dösig noch, dass ich es fasse.
Doch liegt sie da, die Kaffeetasse.
Splitterweit, welch Morgenwonne,
ich gehe raus, genieß die Sonne.

Genuss

Die Fahrradtour war wunderschön,
wir brauchten kaum zu Fuß zu gehen,
und ganz viel Gegend, Sonnenschein,
danach kehrten wir auch noch ein!

Da muss man sich doch einfach freuen,
doch scheint mein Kumpel zu bereuen,
dass er uns so schnell zugesagt.
Da ist doch etwas, was ihn plagt?

Die Kimme schmerzt, der Popo brennt.
Es scheint, dass er sie noch nicht kennt,
die Fahrradslips mit Geleinlagen,
ein jeder Po kann sie gut tragen.

Und dann der ganz besondre Clou:
atmungsaktiv sind sie dazu!
Da strahlt nicht nur der Sonnenschein,
der Po freut sich auch ungemein!

Ist das Liebe ?

Da warst Du

Da warst Du -
das Gespräch,
die Worte austauschbar,
nur Schutzmauer für unser Empfinden,
Tarnung gegen die anderen.

Du zogst meine Gedanken an,
sogst meine Schritte dir entgegen.
Mein Wille verbog deine Geradlinigkeit
zu kläglichen Kontakten mit den anderen.

Dein Blick war Sprache.
Du überließest dich mir mit deinem Blick.
Zu gern wollte ich dich bewahren –
und mich verlieren.

Ein Verlieren ohne Verlust,
inniges Verstehen ohne Worte,
selbstverständlich wie Einklang,
vom umfassenden Glück
ein bisschen Helligkeit.

- Trotz der Vergänglichkeit!

Physikalisches Liebesgedicht

Ich unentdecktes Element,
ob ich denn keine Bindung find'?
Ich putze täglich die Neutronen.
Will sich mein Fleiß denn gar nicht lohnen?

Da, eines Tages wird es hell.
Mein Herz entflammt raketenschnell.
Er ist mein einziger Magnet.
Doch als ichs merke, ists zu spät.

Mein Herzatom, er hats getroffen,
Liebe – Verstand, alles ist offen.
Täglich schwört er es mir neu:
„Ich bleibe dir Lichtjahre treu!"

Er spricht zu mir mit Überschall.
Das ist nur selten so der Fall.
Auch küsst er, ohne mich zu schonen,
meinen Lippenstift zu Restionen.

Meine Alpha- Beta- Gammastrahlen
haben ihm sehr wohl gefallen.
Doch sachte muss der Umgang sein,
sonst stellen sich bald Folgen ein.

Das war nun nicht in meinem Sinn
drum hielt ich ihn nicht weiter hin.
Ich sagte dann ganz schnell „valet",
er war wohl nicht der rechte Planet.

Gefunden

Behutsam zart
wie ein Geschenk ertastend,
den Augenblick fühlend.

Sonnenkreise
inniglich wärmend
singende, schwingende, leise.

Alltag zerrinnt
alles stimmt
mich heiter.

Du umhüllst mich heim,
bei dir möchte ich sein,
dein.

Meine Sehnsucht klettert weiter
auf deiner Gedankenleiter
und es klopft mein Herz.

Gespräch

Die Tür schlägt zu –
- kein Abschiedswort,
er geht fort.

Fragender Blick bei der Rückkehr,
krampfig gesuchte Sätze, dennoch lächelnd.
Blicklos gelangweilt ist sein „Ja".

Und da war doch der Brief von der Schwester
und die Freude an der gelungenen Arbeit,
die Zeitungen schrieben so manches
und die Kinder führten einen Zweikampf mit
der Sprache!

Doch alles stockt auf der Zunge,
fällt zurück in die Traurigkeit,
zieht Leere nach sich und Schmerz
bei dem versuchslosen „Ja".

Vergissmeinnicht

Als Antwort kamen Vergissmeinnicht:
ein seliges Blau,
in der Mitte strahlendes Gelb.

Wahnwitzige Idee, ein Feuer zu löschen,
das die ganze Welt umfasst!
Sie bäumen sich auf, wunde, flatternde
Flammen,
züngeln empor
bittend,
befehlend,
schreiend,
verzweifelt.

Und der erste Schritt durch den schreienden
Schmerz,
hindurch durch vernichtende Flammen.

Presse die Augen zu,
bleibe nicht stehen!
Weitergehen, weitergehen,
immer, immer weitergehen,
nicht nachdenken, nicht rückwärtssehen,
weitergehen, weitergehen, immer, immer
weitergehen!

Du wirst es schaffen,
wirst es sehen!

Weitergehen, weitergehen, immer, immer
weitergehen, weitergehen,
weiterrennen, hüpfen,
springen,
lachen und singen!

Ist Panzerglas auch wirklich sicher?

Ummauert

Ich habe Sehnsucht nach der Sehnsucht,
wohl nach tiefem Gefühl.
Es erstarb total im Gefühlegewühl!

Ja, die Liebe bracht Erfüllung,
doch dann tödlichen Schmerz,
zu schwer getroffen
hab ichs ausgemerzt.

Die Trauer schlug dumpf durch
auf den Grund vom Gefühl.
Jetzt ist es ummauert und damit steril.

Durch die Trennung floss mein Ich aus,
aber sterben wollt' ich nicht.
betonisoliert bin ich jetzt wieder dicht.

Ich hab es bezwungen
und bin völlig im Lot!
Nur die Kälte macht mich schaudern,
- mein Empfinden ist tot!

Sehnsucht

Ich möchte kuscheln,
knuffeln,
mich zusammenrollen
wie ein Igel.

Ich möchte Wärme,
klein sein und versorgt,
rundherumes Wohlsein
wie ein Baby.

Ich möchte untertauchen,
einfach weg sein,
nicht erreichbar
wie ein Toter.

Geankert

Geankert in der Freundschaft eines lieben
Menschen
mögen Stürme einen Teil des Lebens knicken.
Neue Lebensknospen treiben unverhofft
in einem Boden, den die Stürme nicht
erreichen.

Antiwelten

Wasser bin ich,
Feuer bist du,
wir zwei zusammen, wir finden nie Ruh!

Das weiß wohl ich,
das ahnst auch du,
zwei Züge sich treffend, vorbei dann im Nu.

Alles zerstiebt,
alles verlischt,
wenn man das Feuer mit Wasser vermischt.

Trennung ist Leben,
Tod ist im Gischt.
Vernimmst du denn nicht, wie es schon zischt?

Eifersucht

Seine kranken Gedanken,
angestachelt durch das Gefühl von Minder-
wertigkeit,
fanden sich einen Boden:
die eigene Frau in den Armen eines andern!

So schwallvoll kotzte
er seine ekligen Verdächtigungen aus,
dass ich zu ersticken drohte,
wenn mich die Fremdheit des Materials
nicht so sehr erstaunt hätte,
dass sich der Abstand zwischen uns
mit Fliehkraft vergrößerte.

So sah ich ihn dann aus großer Ferne
- und er tat mir unendlich Leid.

Es ist nie zu spät

Es ist nie zu spät,
sein Herz zu öffnen
und zitternd und staunend
die Wärme
innigen Verstehens zuzulassen.

Gefärbt

Wir sind nicht zu trennen.
Dein Lachen quillt aus mir
wie eine Umarmung.

Deine Worte fügen
sich in meine Sprache
wie in ein Puzzlespiel.

Gefärbtes Wasser
- etwa in blau
wieder entmischen?
Ich weiß es genau!
Die Farbe durchdringt es,
diffundiert mit der Zeit
bis in den letzten Tropfen,
soweit!

Sie wird dadurch blasser.
Jedoch das Wasser
gibt sie nicht frei.
Nie werden sie zwei!

Rast

Wiedergefunden,
angekommen,
frei aufatmend,
zurück in deinen Armen.

Ein Geschenk,
eine Erfrischung,
wie ein gutes Getränk
nach einer mühevollen Wanderung.

Ein kurzes Ausruhen
für den nächsten Weg,
egal für welchen
neue Kraft.

Zuhause

Bei dir bin ich zuhause.
Bei dir bin ich Kind.
Bei dir kann ich weinen.
Bei dir kann ich traumlos schlafen.

Schmusen

Zum Schmusen ist doch immer Zeit.
Es tut so gut - und ist gescheit!

Wie ein Kind so geborgen,
- ein jeder ist hier Kind -
so umfassend getröstet
ohne Worte,
in der Hingabe einfach,
in beschützenden Armen,
eintauchen in Geborgenheit,
in kindliches Vertrauen.

Himmel

Zu wissen, dass da einer ist,
der mir zuhört
und keine Vorhaltungen macht,
der mir hilft
und nicht fragt warum,
der mir gibt,
alles und soviel ich brauche,
das ist Himmel.

Warum ihn noch suchen?

Mitgerissen vom Leben

Atemlos

Nach sechs stunden arbeit
endlich mittag -
essen bereiten und auftragen,
welche arbeiten von den kindern
durchzuführen
sind die telefonate mit der Versicherung,
den sohn um drei uhr abzuholen
wie vereinbart die filme wegbringen bis vier
uhr ist die kasse noch offen -
bar im garten nicht viel voran -
gekommen ist der Schornsteinfeger und viel ruß
wegwischen
den gedanken an den geplanten arzt -
besuch heute abend mit gebäck und wein
einkaufen und zur post das paket,
damit rechtzeitig die reklamation ankommen
kann nun die hausarbeit beginnen.

Besinnen darauf, dass noch getankt werden
muss ich schnell losfahren und mitnehmen
den müll zur straßenecke für morgen früh
aufstehen
und alles fängt von vorne an.

Und wann bin ich dran?

Das schöne Leben

Oh, wie ist das Leben schön!
Zwar brennt in der Küche das Roastbeef an,
doch wer stört sich dran?
Der Welt ists egal.
Sie geht auf jeden Fall
ihren Weg.

Oh, wie ist das Leben schön!
Zwar ist der Garten ein
Urwaldprojekt,
doch das, was in ihm steckt
braucht keinen Zweck:
das ist Leben!

Oh, wie ist das Leben schön!
Zwar ist in der Schule das Chaos los.
Doch wen stört das bloß?
Die Politiker sparen.
Doch in wenigen Jahren
werden sie sehen.

Oh, wie ist das Leben schön!
Zwar kann man mit Roastbeef und Urwald leben,
doch die Chance, die wir vergeben
mit unseren Kindern
bringt uns ins Schlindern
spätestens morgen!
Und du hast keine Sorgen?

Du wirst erwachsen

Nun gehst du wieder,
- deinen eigenen Weg,
der dir von manchen nicht gegönnt wird:
du musst dich verteidigen!

- deinen eigenen Weg,
auf dem du manchmal einsam bist:
du musst dich behaupten!

- deinen eigenen Weg,
wo Gleichgültigkeit dich zu ersticken droht:
geh dahin, wo du frei atmen kannst!

Bau dir deinen eigenen Weg!
Nimm die Stolpersteine zum Pflastern.
Ohne Steine wird es kein Weg,
ohne Steine wird es ein Sumpf!

Schattengeflüster

Dieses Wispern, dieses Bohren!
Still! Ich halte mir die Ohren!
Was du sagst, will ich nicht wissen!
Schweig! Ich fühle mich beschissen!

Warum drängst du dich so auf?
Was, du sprichst aus meinem Bauch?
Mein Kopf kann sich da nur empören:
unlogisch! Hör auf zu stören!

„Du musst ja gar nicht aktiv werden,
das macht dir ja doch nur Beschwerden",
knurrt erregt mein Schweinehund
und kriegt gezielt was auf den Mund.

„Was du da willst, das schickt sich nicht",
meldet sich dünn die blasse Pflicht.
„Abschleifen musst du deine Ecken",
sagts und beginnt sich zu verstecken.

Hört doch auf, ich komme klar!
Mein Entschluss ist wunderbar!
Zerrt nicht so, ich bitte sehr,
macht mir nicht das Leben schwer!

Na endlich schweigt das Stimmgewirr,
versteckt hab ichs ganz tief in mir.
Ich bin erleichtert, voll Entzücken.
- Warum hab ich jetzt Magendrücken?

Geburt

Du bist jetzt allein.
Du musst es durchstehen.
Wer hilft dir dabei?
Such es zu sehen!

Die Schwestern vielleicht?
Sie umsorgen dich.
Glaub es nicht!

Die Ärzte vielleicht?
Sie retten dich.
Glaub es nicht!

Dein Mann vielleicht?
Er tröstet dich.
Glaub es nicht!

Gott vielleicht?
Vielleicht gibt es ihn nicht!
Schreie, schreie, schreie nach Licht!

Die Frau mit dem Regenschirm

Alt,
mühevoll jeder Schritt,
auf den Schirm gestützt.

Der Schirm,
groß, Schutz versprechend,
beneidenswert.

Es regnet.
Der Schirm zur Hand, in der Hand
- als Stütze - !

Hölle

Besorgt bringt er Suppe an ihr Bett.
Die Sorge und sein Alter
ließen ihn die Zeit vergessen.
Es ist drei Uhr nachts.

Liebevoll reicht er sie ihr dar.

Aus dem Schlaf gerissen
reißt sie die Augen auf
und ihm die Suppe aus der Hand,
schmettert den Teller zu Boden.

Zu Boden geschmettert
kehrt er sich ab,
still und gebückt,
die Flüche auf seinem Rücken.

Das Leben

Ich sehne das Morgen mir herbei.
Ist das besser als das Heute?
Nein,
aber das Heute ist dann vorbei!

Ich wünsche den Feierabend mir herbei.
Gibt es da Schönes?
Nein,
nur Erholung für das morgige Einerlei.

Ich wünsche mich von Belastungen frei.
Bin ich dann unbeschwert?
Nein,
nur gespannt, welche die nächste sei.

Ich wünsche das Ende mir herbei.
Ist dann alles geschafft?
Ja,
aber dann ist auch alles vorbei!

Gewitter

Schwer lastet die Luft
auf lechzendem Leben.

Luzifer lauert auf seine Chance.

Schon spielt er
mit grell leuchtendem Feuer
an fernen Himmeln,
und ausgedörrten Furchen
verschreckt es den Atem.

Und Luzifer lacht.

Mit knisterndem Knallen
verkostet er Spannung,
lässt erzittern die Schöpfung.

Dann feurig und nah
jagt er seine Zuckungen nieder,
wild und brennend
sich ergießend
in erlösendem Regen.

Mensch sein

Unsere Gesellschaft:
Kaugummi fletschend,
Missfallen spuckend,
Müll produzierend,
Musik isoliert.

Da träumen welche,
traumatisch verkrankt
vom Dasein als Mensch!

Verplombte Zähne und Sehnsüchte
wagen sich nicht mehr zu zeigen.

Stilvoll ein jeder und angesehen.
Doch alle lechzen danach,
einfach sein zu dürfen,
ungespuckt,
ungemüllt,
unisoliert.

Eins nach dem anderen

Die drängende Tat will das fertige Ganze
und zwar sofort!

Das fertige Ganze verlangt Kleinigkeiten
und zwar genau!

Die Kleinigkeiten sind oft ein Ausprobieren,
wie ermüdend!

Mit Kleinigkeiten scheint das Ziel verschüttet,
wie hoffnungslos!

Es ist zum Verzweifeln:
das Ziel fernverloren
und die Kleinigkeiten fressen Geduld.
Trotz ständigen Bemühens
aussichtslose Richtungslosigkeit.

Und dann plötzlich steht es vor mir,
das Ziel!

Parallel-Universen

Das leichte Beben der wintermüden Erde
lässt mich den Trübsinn aus den Augen reiben.
Das spitze Sprießen durch die letzte Schwere,
den Aufbruch spür ich wie am eigenen Leibe.

Die kleinen Pflänzchen mit der Sonne Kraft
haben jetzt ihre Geburt geschafft
und strahlen ihrem neuen Leben
mit Schönheit und mit Dank entgegen.

Doch parallel gibts eine Welt,
die von Natur nicht sehr viel hält.
Wenn Pflanzen nicht in Reihe stehen,
sind sie nur Unkraut, unbequem!

Ein Unkraut-Freak ist frei von Nöten
bereit, Querpflanzen abzutöten,
mit gutem Messer und Gewissen
zertötet der die Blumenkissen.

Die Ordnung ist zurechtgerückt
 - in einem Sinn -,
sonst eher verrückt.

Ungelegenes Glück

Nichts wünscht man sich im Leben mehr,
als mal zu werden Millionär.
Man ist bereit für dieses Ziel,
zu zahlen und zu lernen viel.

Man immer wieder Lotto spielt
Auch wenn man kaum Gewinn erzielt.
Und wer gern mal im Fernsehen wär',
der spielt dann: „Wer wird Millionär?"

Die Hoffnung gibt man niemals auf.
Aufs große Glück - man wartet drauf.
Und weil die Wartezeit zu lang,
verbringt man sie mit Arbeit dann.

Am Schreibtisch gibts sehr viel zu tun.
Das Telefon lässt mich nicht ruhen.
Da kommt ein Anruf, der erzählt:
„ Mein Glückwunsch, Sie sind auserwählt,
beim Millionärsspiel mitzumachen.
Sie haben jetzt viel Grund zum Lachen!
Sie sind ganz herzlich eingeladen
an zwei bestimmten Wochentagen!"

Und wies so bei Terminen ist,
sag' ich: „Nein, nein, das passt mir nicht!"
Da steht die Silberhochzeit wohl an,
bei der ich doch nicht fehlen kann.

Ein andermal könnt ich schon eher!"

Die Stimme sagt nur „Bitte sehr".

Das verlorene Paradies

Ausgestreckt am paradiesischen Strand,
sonnendurchflutet,
von der leichten Briese gestreichelt,
in den Sand geschmiegt
löst sich langsam
der würgende Griff des Alltags.

Nur blinzelnd traut sich das Auge
in die fremde Welt zu wandern,
eine Welt voller Freiheit
sehnsuchtsvoll erträumt.

Aufatmen -
ankommen -

Welch seliger Tausch
von Stress gegen Strand,
vom Hetze gegen Halt,
von Frust gegen Freude.

Der durstige Keim Sehnsucht
schießt empor,
wünscht sich ein Dach
und sucht Bleibe.

Der Flieger fliegt um fünf,
bleibt ein saugender Blick
zurück auf ein freies Leben.

Gelassenheit

Meine Ruhe ist mir abhanden gekommen.
Der Frühstücksspeck hat sie mitgenommen.
Holzkohlenähnlich schwarz angetönt
schluckt ihn der Müll, Salat mich verwöhnt.

Ein Klingelton bohrt sich ins rechte Ohr,
das Baby nimmt sich das andere vor.
Ganz lärmüberflutet freue ich mich dran,
dass ich mit *zwei* Ohren hören kann.

Und jetzt ists zu spät, um pünktlich zu sein.
Ich trete das Gas und möchte laut schreien.
Da fängt mein Blick das Morgenrot ein.
Kann etwas schöner und wichtiger sein?

Realität

Warum sich jeden Tag neu quälen,
sich von Unfähigkeit erzählen,
davon, dass alle besser sind,
auch wenn das ganz und gar nicht stimmt.

Im Kopf die Grille mags vergeigen,
um endlich danach ganz zu schweigen.
Was soll denn ewig diese Platte,
dass man ganz andere Ziele hatte?

Nun,
daraus ist halt nichts geworden.
Doch warum lecken alte Sorgen
beständig in mein Jetzt hinein?
Ich will nicht Gesterns Sklave sein!

Es soll die Finger von mir lassen,
ich will das beste nicht verpassen!
Ganz offen schau ich alles an,
was mir die Zukunft bringen kann.

Will alle neuen Leuchten kennen,
die LED´s, die ewig brennen,
die Leuchten neuester Musik
und auch die unsrer Politik.

Goldjäger sind wir

Goldjäger in tosendem Wasser
von einer Übermacht hineingeplumpst
- da sind wir nun,
keine Ahnung warum.

Das Strahlen unserer Augensterne
konnten wir nicht halten
beim Anblick von Stromschnellen,
Klippen und Blick in tiefe Spalten.

Aber die Hoffnung auf Nuggets bleibt!

Suche,
Such du!
Sucht dunkelt-
Nugget funkelt,
viele kleine,
alle meine -
aber nur kurz,
nur ein erlösender Furz!

Aber zwischen Strudel und Rausch
wächst Erkenntnis daraus im Tausch,
nuggetiert sich als Sold
zur Krone aus Gold.

Slim

Schönheit, das Ziel wohl jeder Frau,
Schönheit, was ist das denn genau?

Mein Spiegelbild schaut mich da an,
ob das denn wirklich Ich sein kann?

Die Beine zu kurz, der Busen zu dick,
da ist selbst Mode ohne Schick.

Da muss das Slim-Fast-Pulver her,
versprichts doch Schlankheit und noch mehr.
Dazu noch das Slim-Shirt, Toppqualität!
Zum Abnehmen ist es eh zu spät.

Das Slim-Shirt spannt oben wirklich sehr.
Noch slimmer gehts wohl nimmer mehr!

Ungeduld

Ungeduld ist weit verbreitet
wird man doch dazu verleitet,
das Gewünschte gleich zu wollen,
Abwarten macht uns nur schmollen.

Ungeduld ist akzeptiert
wird von jedermann hofiert,
gehört wohl gar zum guten Ton,
Das "Un" hebt man auf einen Thron.

Wir wünschen, dass die Zeit vergeht.
gelobet sei, wer das versteht!
Den Leuten scheint dabei nicht klar,
dass diese Zeit die ihre war.

Im nächsten Jahr will man schon sein
und sagt, das wäre wirklich fein!
Ist wirklich unser Ziel auf Erden,
im Eiltempo schnell älter werden?

Geduld hält viel Genuss bereit.
Man hat doch mehr von seiner Zeit.
Denn wenn die Zeit vergeht ganz schnell,
ist auch das Alter schnell zur Stell'!

LED´s

Wir brauchen das Licht wie Wasser und Brot.
Lampe und Kerze helfen zur Not.
Das Kind hat Angst, wenns dunkel ist,
Es sieht Gespenster und manch ein Biest.

Den dunklen Flur gibt es nicht mehr!
Die LED´s sorgen dafür.
Der Rooter passt hinter die Vase rein
und gibt ihr den roten Heiligenschein.

Beim Telefon leuchten die LED´s blau.
Durch sie finde ich die Türen genau.
Ein Lautsprecher strahlt dezent in grün.
er lässt des nachts den Ficus erglühen.

Vorbei sind Zeiten ohne Licht.
doch ohne Dunkel gehts auch nicht!
Sieht man die Lichterflut als Segen,
dann frag ich mich, ist das Vergnügen?

Denn jedermann, der lebt weltweit,
hat wohl ein Recht auf Dunkelheit!

Ein neuer Tag

Ein neuer Tag -
seine gewisse Last drückt,
sein ungewisses Glück stimmt hoffnungsvoll.

Ich bin ein Spieler.
Der neue Tag ist mein Einsatz,
einem Lottoschein vergleichbar.

Meist gewinne ich ein oder zwei Lichtblicke.
Sie halten die Hoffnung wach,
die Hoffnung auf einen neuen Tag
- mit dem Gewinn des Lebens -

So kann man es auch sehen

Stichwortmenschen

Mitunter
trifft man Menschen,
die sind sehr munter.

Sie erzählen
in einem Schwall,
Thema egal.

Sie hören ein Stichwort,
schon reißt es sie fort,
es quillt aus ihnen raus
im Fortissimo-Akkord.

Ein artesischer Brunnen,
kurz angebohrt,
sprudelt hervor,
was in ihm rumort.

Sie übergeben ihr Gestern
mittelwertig gescheit,
an jeden Erstbesten,
der zum Zuhören bereit.

Wer zuhört, hats leicht -
entspannt kann er sein.
Hauptsache ist,
das Stichwort reicht.
So werden beide

wohl glücklich genannt,
der eine wird los,
der andere entspannt.

Selbsteinschätzung

Geschuftet hat man stets wie wild
und hat von sich ein gutes Bild.
Erfolgreich fühlt man sich und wichtig.
Doch dieses Bild scheint nicht ganz richtig.

Man ist ein wenig irritiert.
Das Selbsturteil wird korrigiert
durch liebe Freunde, die berichten
von großen Taten, nicht verzichten
auf den genialen Unterton.
Man wird ganz klein –
wen wunderts schon?

Wichtig scheint man für Applaus,
wird reduziert zur grauen Maus,
so unbedeutend niedlich klein,
wies niedlicher nicht könnte sein.

Was einst das Leben hat versprochen,
ist wohl dezent vorbeigekrochen.

Glück

Wenn du der Ameise nachsiehst,
wie sie den Baum hinaufläuft
und du denkst nicht an deine Aufgaben,
dann bist du glücklich.

Wenn du den Tönen lauscht,
die da erklingen
und du denkst nicht an den gestrigen Streit,
dann bist du glücklich.

Wenn du den Freund besuchst
und du schenkst ihm das grüne Etui aus dem
Lädchen
und du denkst nicht an das unbezahlte Auto,
dann bist du glücklich.

Wenn du nichts hast,
was deine Gedanken zwingt
wie der brenzlige Geruch aus der Küche,
dann bist du frei.

Sex

Mit 10:
Hihihi, was ist denn das?

Mit 20:
Hahaha, das macht ja Spaß!

Mit 30:
Du gehörst mir ganz allein!

Mit 40:
Hauptsache ist, es stimmt der Schein.

Mit 50:
Nach Liebe sehn' ich mich so sehr!
Doch sag mir, wo krieg ich sie her?

Mit 60:
Auch ohne Sex darf es wohl sein,
das innige Zusammensein.

MP3

Wer von uns Menschen will schon sagen,
dass er Musik nicht kann ertragen?
Musik ist himmlisch, ein Gedicht,
für Jung und Alt heut' sogar Pflicht.

Was May gespielt und boygroups sangen,
das alles hat man eingefangen
in ein Gerät, ein MP3.
Wer jung ist hat es stets dabei.

Im Brillenbügel ists versteckt,
es fällt nicht runter, nicht verdreckt.
Dann noch der Stöpsel fest und klein,
der passt genau ins Ohrloch rein.

Die Jugendlichen machens vor,
den Fortschritt haben sie im Ohr.
Am Rädchen dreht man mit Geschick,
solch Feinmotorik, die bringt Glück!

Das Training wird bald virtuos
Sein Träger fühlt sich ganz famos.
Im Alter hat der kein Problem,
ein Hörgerät ist ihm bequem!

Schwerhörigkeit macht ihm nichts aus,
denn er kennt sich von früher aus:
Wenn man mal erst am Rädchen dreht,
ist keineswegs alles zu spät!

Macht das Sinn ?

Das alles macht wohl Sinn,
birgt neuen Keim darin.
Du irritierst herum,
ganz sorgenvoll – warum?

Nur weil du nicht verstehst,
warum das so sein muss,
nur weil du dich erregst,
kommst du zu keinem Schluss.

Nicht der Verstand allein
lässt uns den Sinn verstehen.
Der Abstand ist zu klein,
Zusammenhang zu sehen.

Mach nur den nächsten Schritt.
Ich mach ihn mit dir mit,
und wenns ein Stolpern wär'
auch das macht Sinn und mehr!

Meine Falten

Wenn ich mich heute im Spiegel betrachte,
erinnere ich mich selbst an einen Clown.
Ich schaff es nicht, sie wegzuschauen,
die Falten, die ich als Komiker machte.

Doch nicht nur der Komiker war hier am Werk.
Auch wenn ich die Abwärtsfalten verberg',
so ist doch wohl klar,
dass nicht alles komisch war!

Das Ergebnis besteht,
es sind *meine* Falten.
Ich hab sie gelebt,
ich will sie behalten.

Mein Monogramm muss ich wirklich nicht erst
sticken
in Tücher und Decken, euch sag ich adee!
Ich hab's im Gesicht, jeder kanns erblicken
und es tut mir nicht einmal weh.

Es ist mein Bekenntnis *zu meinem* Leben,
so ist es gewesen,
so soll man es sehen
und sehend verstehen!

Neujahrsvorsatz für die Katz

Das neue Jahr kommt
und mit ihm die neuen Vorsätze.
Im Prinzip sind es die alten,
man hatte sie vergessen.

Im Ansatz waren sie da,
z.B. am Neujahrsmorgen.
Ein Ansatz zum Sprung wie bei der Katze:
sie dreht sich in der Luft und
- landet auf den Beinen.

Ach, Kätzchen, musst nicht traurig sein.
Die Maus da hinten war ja klein!
Und außerdem, die kleinen Schritte
sind auch gar keine schlechte Sitte!

Die ersten zögernd, dann schon keck.
Na ja, gewiss, die Maus ist weg.
Doch gibts davon so viele hier,
zudem noch anderes Jagdgetier!

Lass dir die Laune nicht vergrätzen,
du musst den Vorsatz nur ersetzen!
Der Vorsatz will mir sinnvoll scheinen,
zu landen einfach auf den Beinen!

Edelzwicker

Da ist einer,
der sich nach Feierabend einen schönen
Edelzwicker gönnt,
mit seinen Kindern zelten geht,
keinen Sonntagsgottesdienst versäumt
und der schlimmste Mann der Welt ist
- sagt seine Frau.

Alter

Ein hohes Alter - ein Geschenk?
Mir graut es, wenn ich daran denk!
Das alles, was sonst lebenswert,
sich dann ins Gegenteil verkehrt.

Im Pflegeheim fast isoliert,
ganz ohnmächtig und irritiert,
lernt unfreiwillig man Vertrauen,
auf anderer Leute Hilfe bauen.

Selbst vom Intimsten losgelöst
und auf das pure Selbst entblößt
kann man sich kaum noch wiederfinden,
Ganzkörperohnmacht, Kräfte schwinden.

Verloren in der anderen Wollen,
vom eigenen Willen und Kontrollen
gelöst fast schon vom Hier und Jetzt,
bis endlich auch das Herz aussetzt,
von allem anderen längst befreit,
bereit zur Körperlosigkeit.

Entspannung

Lass dich umfangen von Wärme und Licht,
schließe die Augen und fürchte dich nicht.
Tauche hinein in Vergessen und Schlaf.
Schließe die Augen und denke nicht nach.

Lass dich geleiten in Schönheit und Luft.
Lass dich umströmen von wohligem Duft.
Löse dich auf, um Du selbst zu sein.
Löse dich auf in den Schlaf hinein.

In der Unendlichkeit liegt wohl das Glück.
Tauche nur ein und denk' nicht zurück.
Lass dich ganz gehen und freu dich mit mir:
der Schlaf ist das Glück der Unendlichkeit hier.

Tausendfüßler

Der Tausendfüßler wie gebannt
läuft fußflink und das stundenlang
am Rand des feuchten Flecks entlang.

Leider kann er sich nicht bequemen,
innezuhalten, wahrzunehmen,
dass sein Gefängnis selbstgebaut,
nur weil er ängstlich sich nicht traut,
die Grenze einfach stehen zu lassen.
Was soll sie ohne ihn auch machen?

Langeweile

Die Zeit rast wieder mal geschwind.
Das merkt sogar schon jedes Kind.
Grad spielts verträumt im warmen Sand,
da muss es an der Mutter Hand
zurück zum Umziehen in die Wohnung.
Da gibt es leider keine Schonung.

Es hilft kein Maulen und kein Flennen,
auch weil das Mädchen muss bekennen,
dass Mutter sagte in der Eile:
"Geh spielen eine kurze Weile."
"Ich will nicht mit", sagt da Mareile,
ich wünsch mir lieber lange -Weile."

Aktienkurse

Ich kenn bei Aktien mich nicht aus.
Viel lieber geh ich aus dem Haus,
klettere auf Berge und auf Höhen
und kann von dort manch Gipfel sehen.

Ein Freund von mir weiß wohl Bescheid
und ist stolz großzügig bereit,
sein großes Wissen anzuwenden
und seine Tipps oft zu verschwenden.

Er spricht von Geld und Überblick
und auch vom eigenen Geschick.

Ein Urlaubsfoto liegt herum.
Kurz betrachtet er es stumm.
Es scheint ihm sehr zu imponieren
denn schwarze Zacken dominieren.
Er ist in seinem Element,
den Kurs, den kennt er und den Trend.

Er spricht:
Das Hoch hier konnte so nicht bleiben,
ein Absturz ließ sich nicht vermeiden.
Man sieht es an der Kurve klar.
Da gehts ein bisschen aufwärts zwar,
doch richtig geht es nicht mehr hoch,
der Kurs fällt steil ab in ein Loch.

Noch viel mehr will er erklären,
doch da wirds Zeit, ihn zu belehren:
Das auf dem Bild ist, das ist wahr,
die Skyline vom Himalaya!

Kinderbett

Die kleine Paula war sehr helle.
Sie stand bereit schon auf der Schwelle,
um in den Keller mitzugehen,
das Kinderbettchen anzusehen.

Die Treppen machten ihr nichts aus.
Da sprudelte es aus ihr raus:
"Sag, hat das Bett auch einen Namen?"
Woher wohl solch Gedanken kamen?

"Nein", sag ich, "doch wenn du so fragst,
so gib ihm einen, wenn du magst."
Sie schaute hoch und fragte nett:
"Glaubst du es heißt Elisa-Bett?"

Nachdenkliches

Moral

Wer über schlechte Zeiten klagt
sich ganz bestimmt oft ernsthaft fragt:
„Wenn ich bezahle Miete, Strom,
Versicherung, was bleibt mir schon?
Ich darf doch nicht so ganz vergessen,
dass ich mitunter auch muss essen."

Der nette Herr sich nicht beklagt,
ist höflich und auch sehr betagt.
Er pflegte immer die Moral
und die Gesetze kennt er all.

Gesundheit ist ihm sehr viel Wert,
drum, noch vom Frühstück unbeschwert,
macht er früh morgens einen Gang
direkt beim Supermarkt entlang.

Dann, an der Lieferantentür
fischt er sich mit viel Feingespür
ein dickes, frisches Fladenbrot
und steckt es ein, Gott seis gelobt!

Die kleine Lücke auf dem Wagen
kann er jedoch nur schwer ertragen.
In diesen Freiraum - oh, wie fein-
passt die Moral genau hinein.

Da liegt sie still wie im Depot,

dort kann sie bleiben, „Mann" ist froh.
Er kann sie nun getrost vergessen
und geht nach Hause, um zu essen.

Zeitvertreib

Zeit vertreiben -
als wäre sie ein Bösewicht,
als wäre sie lästig,
als wäre sie ein Risiko!

Zeit vertreiben -
aus Angst vor dem Verweilen
vor den eigenen Gedanken,
weil die mit der Zeit kommen
und sich dann zäh behaupten
und alles aufwühlen,
was du nicht zulassen willst,
was du eifrig zugeworfen hast
mit modernen Zeitfressern,
mit geselligen Partys
und mit arbeitsintensiver Arbeit.

Zeit lässt Gedanken zu,
die dich dort hintergehen,
wo du starke Barrieren bautest,
um nicht hinzusehen.

Nur sein Spiegelbild kennen
heißt sich verrennen,
heißt sich hetzen
und sich aufschwätzen,
dass da nichts ist
- zum Aufarbeiten.

Zeit vertreiben,
bis die Zeit kommt,
wo es höchste Zeit ist,
sich zu stellen
und keine Zeit mehr bleibt
und du dann als unbearbeiteter Rohling
Zeit - los bist!

Wirkungen

Was zögerst du noch?
So sag´ es doch,
das Wort!

Das Wort keimt dann,
schlägt Wurzeln spontan
vor Ort.

Im Kopf ist es drin,
kommt nicht aus dem Sinn,
rumort.

Du solltest es wagen,
es nochmals zu sagen,
sofort.

Der Kopfwurzelträger
hat dann den Erreger:
der schmort.

Sei sicher, die Saat
wird bald schon zur Tat,
dein Wort!
...und so fort ...und so fort, ...und so fort

Wesentlich

Weißgekleidete Götter mit Äthergeruch,
die Selbststeuerung bei der Einlieferung abgegeben.

Hier sitzt das neue Luxus-Eigenheim
mit wächsernen Gesicht,

da das angesparte Wohnmobil,
grau, gebeugt, geschoben von einem Pfleger.

Die sonnenbraune Touristin
weint regenvoll grau und ohne Lichtblick.

Die stille Verzweiflung
starrt auf die Rolex-Uhr, Geduld sammelnd.

Nur die jugendliche Magersucht
träumt sich hausgemacht in eine absurde Welt.

Der Wohlstandspanzer des Einzelnen
verselbständigt zur realen Person,
abgerundet durch die Erosion des Lebens.

Was bleibt?
Die Reduktion eines jeden
auf sich selbst.

Überschwemmung

Regengüsse!
Tiefe Risse in erstarrter Erde,
mit weit aufgerissenen Mündern,
bereit zu schlucken, schlürfen und zu saufen
bis zum Überlaufen
das lebendig schäumende Wasser.

Doch die Erstarrung geht tief.

Neues, klares Regenwasser
netzt nur den verkrusteten Boden,
und strudelt hinweg
in schwellenden Wellen
mit wachsender Wucht.

Nicht zu fassen sind die Massen.

Haltlos greifen Schlammwellen ungefragt
nach dem Überfluss strotzender Ufer,
mischen Vorgärten auf und randvolle Keller,
reißen riesige Löcher in die
bürgerlich begrenzte Beschaulichkeit.

Irritierte Sicherheit

Was war es, das Dauer versprach
und solides Glück?
Brücken brechen in die Knie

Häuser verneigen sich in die Fluten,
und der stolze Besitz erhält eine Kutte aus
Schlamm.

Treibgut ist alles.

Aber schon keimen zwischen Sandsäcken
vergessene, zaghafte Pflanzen:
im Angesicht der Naturgewalten
schaffen Bescheidenheit und Demut
den Anfang für einen Neubeginn.

Trost

Vielleicht ist in der größten Tiefe
der meiste Trost,
weil man dort der Wahrheit
am nächsten ist.

Übergang

Hallo,
da bin ich allemal,
mit euch zusammen im Wartesaal.

Der Raum gemütlich,
lädt zum Bleiben,
zum Leben hier,
zum Zeitvertreiben.

Mit Ellenbogen
und mit Macht
ist Ansehen hier
ganz schnell gemacht.

Ich bin jetzt wer im Wartesaal,
zu Diensten alles Personal.

Hab ich noch Jahre hier zu leben,
will ich doch Macht und Glück anstreben.
Richte mich ein, hier ist es fein.
Doch irgendwann muss ich da rein!

Die Tür macht Zweifel, bang wird mir.
Doch "warum" frag ich „sind wir hier?"
Die Tür geht auf, warm, hell und weit.
Zum Tod, zum Durchgang nicht bereit?

Die Philosophen

Die Philosophen meinen, sie wüssten was,
etwas von dem, was viele nicht verstehen.
Sie denken logisch, dialektisch, manchmal
sogar richtig
und meinen höhere Erkenntnis zu erringen.

Der schlichte Mann bestellt das Feld,
ein Stück Natur, aus dem zigtausendmal
ein Wunder Etwas aus dem Nichts erschafft
und ahnt in seinem Innersten,
was Philosophen höhere Erkenntnis nennen.

Unpopulär

Hast du Angst davor,
etwas Unpopuläres zu tun?
Warum?
Sei absolut sicher:
nach einem kurzen Aufstand der Empörung
haben sowieso die meisten
alles wieder vergessen!

Quadratur des Seins

Ruhe trotz Lärm,
Beharrlichkeit trotz Schimpf,
Zuversicht trotz Zerstörung,
Gelassenheit trotz Hektik,
Abstand trotz Eintauchen,
Liebe trotz Hass.

Clownerie

Ein Clown ist ein Mensch,
der das, was er innwendig nicht hat,
nach außen hin zeigt.

Weil das aber vorzeigbar ist,
lieben ihn alle.

Er selbst allerdings knackt zeitlebens
an dem Phänomen, herauszubekommen,
weshalb ihn die anderen wegen nichts lieben.

Der innere freie Raum
ermöglicht es ihm,
offen zu sein und Verständnis einzulassen,
für die anderen,
für sich
und seine Einsamkeit.

Untergang

Die Eltern
wollen ihre Kinder sehen
als ersten Mann, als Kapitän.
Doch geben sie in allem nach.
Oh, das ist arg!
    Wenn ihr euch nicht am Riemen reißt
    und keine klare Richtung weist,
    dann gehen wir munter
    unter!

Die Lehrer
wollen ihren Schülern geben
das know-how fürs ganze Leben.
Doch Konsequenz wär' angesagt,
zu große Plag'!
    Wenn ihr euch nicht am Riemen reißt
    und keine klare Richtung weist,
    dann gehen wir munter
    unter!

Die Freunde
wollen nur noch „fun"
und merken nachher, nichts ist dran.
Tag, Geld und Hirn, alles ist hin.
nichts ist mehr drin.
    Wenn ihr euch nicht am Riemen reißt

und keine neue Richtung weist,
dann gehen wir munter
unter!

Bald jeder
ist auf sich bedacht.
Na dann, ihr Lieben, gute Nacht!
Bequemlichkeit als höchstes Ziel,
das bringt nicht viel!
    Wenn ihr euch nicht am Riemen reißt
    und keine neue Richtung weist,
    dann gehen wir munter
    unter!

Gleichzeitigkeit

Brummende Himmelfahrt
kündet Schwärze an
hinter dem Bildschirm.
Wo sonst ist Afghanistan?

Ein Schauer rieselt rein
in den Ausschnitt,
genau zwischen die Hügel
ins Zentrum, ins Herz.

Kartoffelchips explodierten
auf den Lippen
und das fetzige Zerreißen im Film
steuert den gierigen Blick
ohne Interferenzen.

C'est la vie:
Die Spinne jault beim Quetschen
und die Mücken tanzen.

Besitz am Bein

Wohin mit all dem Firlefanz
bei dem großen Totentanz?
Mit all dem Kopf- und Bauchgehänge
kommt man gewiss bald in die Enge.
Am besten lässt man das zurück
und ist dann wahrlich Hans im Glück!

Bei Ebay wird man alles los,
die Nachfrage ist echt famos.
Erst wenn der Bunker überquillt
ist die steile Gier gestillt.
Ganz schlecht ist uns mit dickem Magen.
So viel kann man doch nicht vertragen!

Vor lauter Besitzen
kann man nicht flitzen,
umbaut bis zum Kinn,
Wo ist die Freiheit hin?
Verbuddelt im Vollen,
ob wir das wollen?

Mauer

Die Mehrheit glaubt, die Welt sei schlecht.
Was sie erlebt, gibt ihnen recht?
Der Mund, von Kummer ausgebeult,
die Augen ängstlich und verheult
schauen Menschen hungrig und vergrämt.
Man fragt sich still und auch beschämt:
Aus welcher Hölle tauchen auf
all die Gesichter hier zu Hauf
und litten, als ich nebenan
den Himmel zum Geschenk bekam?

Sie klagen über Schlechtigkeit,
Ausnutzung, Schimpf und das weltweit.
Doch sagt man, was zu ändern sei
gibt es Entsetzen und Geschrei.
Genauso könnt' man Mauern bitten,
beiseit' zu treten mit drei Schritten.
Sie wären gleichermaßen starr.
Obs nicht das richtge Kennwort war?

Scheints jeder hat sein Ich-Programm
und macht nur das, was dieses kann!

Der blaue Tisch

Wie schön sitzt man im Kirschengarten!
Hier gibt es Kuchen aller Arten
am blauen Tisch bei Sonnenschein
Wie lange noch mag das so sein?

Ja, wir konsumieren gut.
Andre schuften bis aufs Blut.

Der Rasen grünt so gut er kann,
doch ändern kann er nichts daran,
dass Misswirtschaft in allen Klassen
zerstört das Glück von Sammeltassen.

Ja, wir konsumieren gut.
Andre schuften bis aufs Blut.

Der Kuchen ist ganz hausgemacht
wiewohl schon um die Ecke lacht
die Krise, wohl nicht ganz so lecker,
falsches Rezept vom Wohlstandsbäcker!

Ja, wir konsumieren gut.
Andre schuften bis aufs Blut.

Zeit

Wie schnell doch die Zeit heut wieder ist!
Eben ist sie mir wieder entwischt.
So zwischen drei und drei nach drei,
da hatte ich Zeit,
jetzt ists wieder vorbei!

Orientierung

Orientierung

's ist alles kuddelmuddelig.
Man wird dabei ganz tuddelig.

Der eine sagt: „Hier geht es lang."
Doch dabei wird mir angst und bang.
Der andere gibt mir zu verstehen:
„Nur eins ist richtig, Kurven gehen!"

Ich selbst, ich kanns mir nicht verdenken,
halt' immer Ausschau nur nach Bänken.
Da lehn' ich mich dann weit zurück
und such den großen Überblick.

's ist alles kuddelmuddelig.
Man wird dabei ganz tuddelig.

Was hab' ich da fürn Glück gehabt
dass einer mir da hat gesagt:
ER ist der Weg, die Wahrheit, Leben!
Herrjemineh, so was solls geben!

Lebensspur

Den größten Teil des Lebens
wuseln wir im Kleingedruckten,
aber Achtsamkeit
bringt uns auf den Weg der Klarheit.

Da ist ein roter Faden,
eine Spur im Weiß-nicht-wo,
zwar ohne Woher und Wohin,
aber wohl eine Richtung.

Geschenk

Meine Schale, randvoll mit Hoffnung,
wuchs über sich hinaus,
um noch mehr Hoffnung zu fassen.

Zeitschwere Geduld
lagerte vor dem Ziel,
das mein Herz ersehnte.

Meine Augen am Boden
und abwärts krümmende Gedanken
suchten in der Finsternis.

Und dann öffnet sich Licht,
Glück hüllt mich ein und Dank
und überbordend fluten sie zu Dir zurück

Ostern

Zu Ostern es sehr wohl gefällt,
zu gehen wie aus dem Ei gepellt.
Die neue Frühjahrsmode lacht,
und alle Leute ähnlich macht.
Na und, was solls, sogar die Sonne
Ist da für jedermannes Wonne.

Jedoch, wer etwas auf sich hält,
eine ganz andere Frage stellt.
Was war zuerst: Ei oder Henne?
An diesem Punkt versagt die Penne.
Solch heikle Fragen zu verstehen,
heißt mit `nem rohen Ei umgehen.

Doch halt' ich nichts von rohen Eiern,
ich möchte einfach etwas feiern!
Vielleicht `ne gute Perspektive
mit ganz viel Freude inklusive?
Wars das nicht was man Ostern nennt,
wenn da ein Licht für alle brennt?

Sinnsuche

Wie aus strahlenden Sternen und Licht
sprach mein Herz zu mir
vom Sinn.
Der ist nun hin.

Es wurde eine Verpuffung
mit dem Geruch vom Gestern.
Hilflos bleibt das Heute
und das Übermorgen eine Fratze.

Notfallplan

Sprachlos
stehe ich vor Dir
und starr,
unfähig, mich zu rühren.

Eingewurzelt
in einer türlosen Wirklichkeit,
die mein Verstand nicht durchschaut,
leckgeschlagen.

Mein Bestes
gab ich
und muss erkennen,
dass nichts sich bewegt.

Ohnmachtsvoll
werfe ich meine Existenz
Dir vor,
kein Ausweg
als Dein Plan.

Höhere Mathematik

Wenn alles Unglück, das passiert,
man einfach nur zusammenzählt
und das zu einem Berg summiert
man jeden Lichtstrahl ausradiert.

Der Schlüssel zu dies' Berges Tor,
der kommt bei Alibaba vor.
Die Wörter "Sesam öffne dich!"
befehlen, ja sind Frontangriff
auf Pech und Kummer. Jetzt ist Schluss!
Minus mal Minus gibt doch Plus!

Bei festem Ton und geradem Blick
kriegt das Schicksal einen Knick.
Die Kurve steigt dann aufwärts weiter.
Der Trübsinn schmilzt und wird selbst heiter.

Mitleid mit Gott

Gott, Du schweigst.
Ich kann Dich verstehen.
Die Menschen,
lechzen Stacheln aus ihrem Egoismus,
an denen hängen bleibt
viel
und dann auch sie selbst.

Aber würde es nützen,
wenn Du was sagtest?
Schon einmal
wurdest Du mundtot gemacht
und hingestachelt.

Es geht nicht anders

Ein inneres Wissen
steuert die Handlung
vom Bauch heraus.

Was mag ich?
Was muss ich?
Wie find' ich das raus?

Es verzahnt sich ein Konsens
zwischen Wünschen und Muss.

Das Ergebnis ist
ganz ohne Verdruss!

Wüste

Verlaufen habe ich mich.
Verwitterte Wüste und krallende Hitze,
überall anstößiger Horizont.

Suchte doch meine Sehnsucht
nach Weite und Unendlichkeit,
doch nichts als Gluthitze und Sand!

Allein,
trotz Weite keine Aussicht.

Verzweiflung schleicht die Knöchel hoch,
die Hitze trocknet mich kleiner
und näher kommt der Himmel.

Seine Unendlichkeit
habe ich nicht gesucht,
aber sie nimmt mich auf.

Schutzengel-Gebet

Mein Schutzengel, Du starke Kraft,
lenke Du des Schicksals Macht,
damit ich es ertragen kann
und nicht zerbrech' am Lebenswahn.
In Deinem Schutz bin ich geborgen
und schau' mit Hoffnung auf das Morgen!

Überblick

Salto will die Freude schlagen,
doch klebt ihr Gewand am Kummer.
Zögerlich flattert sie,
ohne sich selbst zu vertrauen.

Fordert der Sprung den Absturz heraus?
Gebiert das Leid Freude?
Hat der Wechsel Beständigkeit?
Sind wir ein Spielball der Zeit?

Über Höhen und Tiefen schaut sie
und ist voll von Sehen.
Aus dem Überblick heraus
kann sie verstehen -

Lebensfreude

Abgeschüttelt

Von Jahrzehnten die Steine,
auch die Zusammenbrüche
und schwerlastende End-Scheidungen
drücken den Rücken so tief,
dass der Boden keine Genehmigung mehr
braucht,
den ganzen, schweren Blick zu nehmen.

Nicht noch mehr,
nicht noch länger diese Folter!

Das schwere Fell schütteln
und die Schultern mit kräftigem Ruck
nach hinten
reißen Angepflocktes los
und am Aufrechten hält sich nur noch
leichte, zukunftsmutige Freude.

Massagestiefel

Meine Beine sind so schwer,
sie kommen gar nicht hinterher.
Verflixt, da muss es doch was geben,
das es mir leicht macht, sie zu heben.

Da hat mein Arzt eine Idee.
Er lobt sie übern grünen Klee.
Massagestiefel sollens bringen.
Die Therapie wird gut gelingen.

Meine Waden kriegen Druck
und gelockert wird ruck zuck.
Doch Fahrradtouren tun das auch:
Durchblutung gibts für Bein und Bauch.

Danach wird es im Stiefel kühl.
Die Kaltluft macht ein Hochgefühl.
Doch Fahrradtouren geben auch
viel Luftkühlung für Bein und Bauch.

Warum soll man sie dann wohl machen
solch Therapien und andre Sachen?
Ich hoffe, dass ich dem entkomm´
und mach mich auf dem Rad davon.

Gut trainiert

Was braucht der fitte Mensch auf Dauer?
ein bisschen Sport, Gymnastik, Power!

Und ob mans glaubt, man siehts ihm an,
dass er beständig was getan.

Er hat 'nen schönen langen Nacken
und zusammen gekniffene Backen.

Der Bauch ist kräftig eingezogen.
Wo er wohl wohnt? Im Beckenboden!

Die Beine sind verschieden lang
vor geraden Knien ist ihm bang!

Das Training hat uns flott gemacht
und gute Laune angefacht.

Entfaltung

Ein winziger Topf war deine Wiege,
dein bisschen Grün glänzend und klein.
Schon atmest du die raue Luft der Großen,
ohne wie sie stark und bewehrt zu sein.

Wer bist du? Kenn ich deinen Namen?
Ich wüsste gern, was in die steckt!
Woher kam dieser kleine Samen,
aus dem sich mutig jetzt dein Leben reckt?

Schon spielen Vögel keck in deinen Ästen.
Sie ahnen viel von deinem Traum.
Getrotzt hast du den kalten Wettern
und bist erstarkt zum Mispelbaum.

Nicht länger kann ich dich nun halten.
Die Wurzeln suchen geil und tief
in Urgrundwissen und gestalten
ein Hohes, das tief in dir schlief.

Wir tanzen

Im Leben geht es auf und ab,
Probleme hat man nicht zu knapp.
Die Dinge sind oft ganz verfahren
doch Kluge wissen mit den Jahren:
nichts ist ganz starr, alles bewegt sich
und in meinen Füßen regts sich.
    Ich seh' verschmitzt meine Chancen:
    das Problem löst sich beim Tanzen!

Im Sommer plagt ein Sonnenstich.
Dem Doktor, dem gefällt das nicht.
Er sagt und zieht die Stirne kraus:
"Dir fallen bald die Haare aus."
    Da sehe ich meine Chancen,
    das klärt sich wohl beim Tanzen!

Schon lange steh ich hier im Stau.
Drei Stunden sind es jetzt genau.
Die Sonne scheint auf den Asphalt,
doch meine Füße sind so kalt.
    Auch hier habe ich Chancen,
    wie wärs einfach mit tanzen?

Laute Musik von nebenan,
niemals gewöhn' ich mich daran!
Ich koche schon vor lauter Wut.
Da merk ich, das tut mir nicht gut!
    Ergreif doch deine Chancen:

da kann man gut drauf tanzen!

Egal was kommt, wir nehmens locker.
Und vieles reißt uns schnell vom Hocker.
Fast alles hat Rhythmus und Klang.
Wer macht sich denn da wohl noch bang?
Wir sehen da viele Chancen,
denn überall kann man tanzen.

Das Tanzen ist mein Elixier
zuhause und im Jetzt und Hier.
Tanzen hält jung und tut so gut,
die Laune hebts und macht auch Mut.
Wir nutzen tausend Chancen,
wo immer auch wir tanzen!

Wellen der Musik

Wellen der Musik bäumen mein Inneres auf,
Besitz ergreifend diese Lieder,
zwingen das Sträuben nieder,
brechen dem Gefühl freien Lauf.

Aufbruch in eine neue Welt,
schon immer geahnte, immer verdrängte.
Ist das das Leben, das ich verschenkte?
Kann ich entrinnen der fühlenden Schau?
Gefühlswallung durchbricht den Stau.

Wie ein Reigen wiegt sie empor,
Klammern sprengend,
Aufgabe zwingend,
strömendes Ich,
getragen
auf Wellen der Musik.

Hymne an den Schlaf

Eingehüllt in Schlaf kann ich vergessen.
Seine weiten Arme tragen.

Der Tag fällt ab,
tritt zurück
dem Versinken überlassen,
dem Schlaf.

Er nimmt mich an die Hand
und führt mich durch Räume,
mir fremd und doch längst vertraut,
ohne Angst
mit sicherem Halt
zeigt er mir eine andere Welt,
die schon längst meine ist.

Aufbruch

Herbstlaub und Frühlingskinder,
hoffnungstragend, zukunftssicher.

Warum die Sonne wegschicken,
wenn sie doch Gold verteilt,
warum nicht mit dem Dreizack graben?

Schwierige Zeit für Frühlingserwachen,
winterlich windet sich der Weg.
Doch Götterwärme gibt Glück,
geleitet uns gut, die Gestöhnten!

Schau doch her!
Ich will hören, was du schweigst,
die Rufe von hinter den Augen,
das verbuddelte Sonnengold,
all diese Schwindel erregenden Hoffnungen
von euch Frühlingskindern,
die ihr trotzig an Anfang glaubt,
obwohl schon der Herbst winkt
und dennoch den Aufbruch wagt!

Wärme schmilzt Winterhärte.

Gespeicherte Sonne

Lampionblume
durchstrahlt von gespeicherter Sonne,
orange - ziseliert,
gezähmter Zunder.

Zwischen weißen Wänden,
wo Kummer Kälte ablegte,
Boden und Seelen verkühlte,
jauchzt auf die strahlende Blüte.

Ein Sonnenflämmchen voll Lebendigkeit
wärmt sich ins Herz
und zerschmilzt die Starre
in leuchtende Lebensfreude.

Ein Lächeln

Menschen aufknacken wie Nüsse
und dann in ihre Angst gefüllten Schalen
einen Sonnenstrahl hineinzwängen,
mit einem offenen Lächeln.

Einen funkelnden Juchzer werfen
in das trübe Getriebe aus grauem Ich,
und die mit Trägheit festgeklebte Seele
wie eine Blüte wärmen,
bis sie ihre Schönheit frei gibt.

Ein Frühling
mit der Hoffnung auf Sommer!

Ein bisschen Glück

Es tut sich was im Untergrund,
ganz viele Herzen sind so wund.
Ein kleines bisschen heile Welt
wär' Balsam, besser als viel Geld!

Ein jeder wünscht sich doch nur Liebe
Geborgenheit und etwas Glück!
Und nicht, dass man ihn jetzt vertriebe
und alles Habe blieb zurück.

Zur Ruhe kommen, leben dürfen
sein kleines Glück am kleinen Ort
und in der Nähe liebe Menschen,
für die man lebt, für die man sorgt.

Von Brigitte Anna Stolle ist auch ein Buch
mit Kurzgeschichten erschienen:

liebenswert, werter, am allerwertesten
humortolle Alltagserfahrungen
55 kurze Geschichten

ISBN 978375285955
Taschenbuch, 116 Seiten, 6,49 €